DÖRTHE BINKERT

STAUNEN WIE EIN KIND

DÖRTHE BINKERT

STAUNEN WIE EIN KIND

Die wunderbare Kunst, nicht ganz
erwachsen zu werden

THIELE VERLAG

Für meine Mutter,
die bereit war, uns Kindern eine Entschuldigung
zu schreiben, wenn das Wetter so mies war,
dass sie fand, wir sollten lieber im warmen Bett bleiben,
statt zur Schule zu gehen.

*Es gibt nichts Wunderbareres und
Unbegreiflicheres und nichts, was uns fremder wird
und gründlicher verloren geht
als die Seele des spielenden Kindes.*

HERMANN HESSE

INHALT

EINLEITUNG

Vor einiger Zeit schickte mir ein Freund eine CD in das kleine Hotel im Tessin, wo ich mich von einer Operation erholte. Er hatte darauf ganz verschiedene Musikstücke und einige Gedichte zusammengestellt, die ihm viel bedeuteten. Dass ich bei genauem Hinhören viel über diesen Menschen erfahren würde, weil musikalische Vorlieben sehr persönlich sind, überraschte mich nicht. Womit ich nicht gerechnet hatte war, dass die Musik mir sehr direkt etwas über mich selbst zu sagen schien. Es war, als ob mir jemand »meine« Musik, *mich mir selbst* hätte ins Gedächtnis rufen wollen. Die meisten der ausgewählten Stücke und Chansons kannte ich nicht, und doch waren sie »richtig« für mein Ohr, das in diesen Wochen schreckhaft und sensibel auf alle Geräusche, alle Reize von außen reagierte. Alles war laut, alles war unerträglich schrill; und hier plötzlich war jeder Ton willkommen, heilsam, beruhigend.

Die Musik legte sich um mich wie ein magischer Kreis. Ein Schutzraum, in dem ich meinen Gefühlen nachgehen, Bilder auftauchen lassen konnte – so wie Kinder sich eine Höhle suchen oder ein Baumhaus bauen, wo nur ihre eigene Welt existiert.

Und auf einmal, nachdem ich die CD wieder und wieder gehört hatte, wusste ich: Die Gefühle, die diese Musik, diese Texte ausdrücken, sind mir vertraut. Und es gab Zeiten, wo ich sie nicht nur wiedererkannte, sondern diese Gefühle auch lebte. Ja, und so – wie diese Musik – wollte ich wieder werden.

Ich würde mir nicht mehr nehmen lassen, was man im Erwachsenenleben freiwillig den Anforderungen des Alltags oder der Beziehung opfert: Spontaneität, Offenheit, Neugier, Begeisterungsfähigkeit, den Glauben an die Kraft des Wünschens, Leidenschaft, Phantasie, die Fähigkeit zu konzentrierter Versunkenheit – Eigenschaften, mit denen wir alle geboren werden und als Kinder leben.

Ich spürte, dass ich in den letzten Jahren dabei war, in einem Sinn erwachsen zu werden, der mir gar nicht gefiel. Es war ein schleichender Prozess gewesen, eine Entwicklung, die vernünftig schien, mehr aber auch nicht.

Eines Tages dann, vor Jahren schon, kam mir die Idee, ein Buch zu schreiben über die Kunst, nicht ganz erwachsen zu werden. Eigentlich kam mir die Idee genau zu dem Zeitpunkt, als mir meine Art zu leben zwar vernünftig vorkam, mir gleichzeitig jedoch immer unbehaglicher zumute war, als ob sich mehr und mehr Ringe um mein Herz legten, es bedrückten, einengten und mich nicht mehr frei atmen ließen.

War das etwas, was vielleicht auch andere Frauen an einem bestimmten Punkt in ihrem Leben spüren – diese Bangigkeit, die mir zu schaffen machte, ohne dass ich sie schon wirklich in Worte fassen konnte? Die Angst, etwas Wichtiges vergessen zu haben, etwas, was uns früher einmal glücklich gemacht hat?

Was spricht gegen das Erwachsensein?

Eltern, Lehrer, Psychologen, Therapeuten, Arbeitgeber – alle sind sich einig, dass wir erwachsen werden, den Ernst des Lebens begreifen und uns entsprechend verhalten sollen: vorausschauend, die Konsequenzen des eigenen Handelns im Blick, maßvoll und pflichtbewusst, kurz so, dass die Gesellschaft funktioniert.

Mit sechzehn weiß man von dieser Bedeutung des Erwachsenseins noch nichts. Mit sechzehn heißt erwachsen sein alles dürfen.

Jetzt kommt es mir eher so vor, als ob erwachsen sein bedeute, alles zu müssen: So viele Zwänge gibt es, denen man sich angeblich unterwerfen muss! Wie oft bin ich noch unbeschwert, verspielt, hingerissen? Bereit, der Verführung eines Augenblicks zu folgen?

Wann habe ich zum letzten Mal die Zeit vergessen? Nicht oft genug.

Und nun diese Musik, die plötzlich so viel Bedeutung bekommen hatte, und die Erkenntnis, dass ich daran war, buchstäblich das Kind in mir und mit ihm meine Lebenslust mit dem Bade auszuschütten.

Im normalen Alltag wäre dieser Gedanke wahrscheinlich schnell in Vergessenheit geraten. In meinem kleinen Hotel im Tessin aber gab es nichts, was mich hätte ablenken können: keine Verpflichtung, keine Arbeit, kein Alltag. Da war kein Lärm, keine Hektik, da waren keine vorgeschriebenen Zeiten, die den Tag strukturierten – nur das unermüdliche Zwitschern der Vögel in der subtropischen Vegetation, die alles überwucherte. Steine, Häuser, Wege: das Huschen der Eidechsen, die Sommerschwüle und mein Körper, der nur müde war und nicht einen der Befehle, die mein Kopf gab, beachtete, geschweige denn ausführte.

Ich konnte nicht vor mir selbst davonlaufen, weil meine Beine nichts davon wissen wollten. Zur Langsamkeit gezwungen, sah ich das, was ganz nahe war: den großen Kampferbaum im Park, dessen glatte, feste Blätter trocken im Windhauch raschelten, das Spiel von Licht und Schatten auf dem Rasen, die Fledermäuse, die in der späten Dämmerung ihre Flüge aufnahmen nach einem Muster, das ich nicht verstand, das Irrlichtern der Glühwürmchen in der Nacht.

Wenn ich spazieren ging, ging ich so langsam wie ein Kind auf dem Weg zum Kindergarten, das jeden Morgen die Dinge wiedersehen will, die ihm schon vertraut sind, und das seinen Blickwinkel gleichzeitig Meter um Meter voller Neugier erweitert.

Ich hatte Zeit, die Welt zu erleben.

Kinder wissen, wie man das macht, und sie

kommen mit dem Leben erstaunlich gut zurecht, wenn man sie lässt.

Und ich dachte wieder an das Buch, das ich schon so lange schreiben wollte.

Hier ist es. Denn ich bin überzeugt: Wie auch immer wir Frauen leben, allein oder mit Familie, ob wir beruflich eingespannt oder für Kinder verantwortlich sind oder beides: Die Gefahr ist bei uns allen groß, immer zuerst das zu tun, was wichtig ist, was nützlich ist, was Vorrang hat. Und Vorrang haben immer die Pflichten.

Wenn wir eine Pflicht erfüllt, eine Aufgabe gut gelöst haben, verschafft uns das Befriedigung. Das ist ein gutes Gefühl. Aber nicht mehr.

Dieses Buch plädiert für mehr. Nicht nur für die Kunst, nicht ganz erwachsen zu werden, sondern auch dafür, den Dingen und Beschäftigungen, die uns glücklich machen, in unserem Leben wieder mehr Platz einzuräumen. Wir müssen daran nicht arbeiten.

Wir müssen es nicht erlernen. Wir haben alle

Fähigkeiten, uns, die andern und die Welt mit allen Sinnen zu entdecken und zu erleben, in die Wiege gelegt bekommen.

Wir müssen uns nur daran erinnern. Dazu wollen die folgenden Gedanken und Geschichten anregen.

EINE TÜR ZUR SEELE

Ich bin davon überzeugt, dass wir von Kindern viel lernen können. Auch von dem Kind, das wir selbst einmal waren. Es lohnt sich aber auch aus anderen Gründen, eine Tür, die in die eigene Kindheit zurückführt, in der Seele offen zu halten. Wer ab und zu in Gedanken diesen Raum intensiver früher Erfahrungen und intensiver Gefühle betritt, wird bald merken, wie befreiend und erholsam es ist, die Dinge wieder einmal aus der unbefangenen, unbestechlichen Sicht eines Kindes zu betrachten.

Kinder sind offen. Sie werden zwar mit unterschiedlichen Temperamenten und Veranlagungen geboren, aber erst die Lebenserfahrungen begrenzen das Kind und seine Welt nach und nach.

Die Offenheit, mit der wir geboren werden, ist so grenzenlos wie die Phantasie oder Poesie, die Verschiedenstes miteinander verbinden können und die Grenzen zwischen Vergangenheit und Gegenwart, Zeit und Raum ohne Mühe überschreiten.

Kinder leben in einer eigenen und in einer ganzheitlichen Welt, in der die materielle, ding- und körperhafte Welt und die ideelle Welt der Phantasie und Magie noch vielfältig miteinander verwoben sind.

Sobald die Dinge benannt werden, werden sie voneinander unterschieden, es entsteht eine segmentierte Welt. Kinder haben für Vieles noch keinen Namen. Sie lassen die Welt noch auf sich zukommen, ohne die Situation sofort erklären und lenken zu wollen. Sie lassen sich von ihrer Intuition noch fast traumwandlerisch leiten. Wo wir Erwachsenen uns immer mehr einengen, sind Kinder über alle ihre Sinne noch mit sich selbst und mit der Ganzheit der Welt verbunden. Für sie existiert noch die Lesbarkeit aller Dinge, das Zauberwort, das in allem schlummert und die Welt zum Klingen bringt, wenn man es kennt.

Schläft ein Lied in allen Dingen,
Die da träumen fort und fort,
Und die Welt hebt an zu singen,
Triffst du nur das Zauberwort.

JOSEPH VON EICHENDORFF

In den letzten Jahren ist deutlich geworden, wie sehr wir Erwachsenen uns nach diesem Zauberwort sehnen. Die Geschichten von Harry Potter, eigentlich für Kinder geschrieben, eroberten die Bestsellerlisten im Sturm. Harry Potter kann zaubern und die Dinge wieder ins Lot bringen. Durch einen kindlichen Helden lassen wir das für uns zurückerobern, was wir selbst verloren haben.

Gerade heute, wo immer höher geschraubte Anforderungen, eine Vielzahl an Terminen, der Ruf nach Effizienz und messbaren Leistungen, Informationsflut und -geschwindigkeit uns einem erbarmungslosen Druck aussetzen, ist die Sehnsucht nach Wiederverzauberung unserer nüchternen Welt groß. Instinktiv spüren wir: Was von uns gefordert wird, bekommt uns nicht. Jedenfalls nicht der Lebendigkeit, Kreativität und Motivation, die wir im gleichen Atemzug beweisen sollen.

Im Gegenteil: Diese Eigenschaften entstehen gerade nicht unter Termindruck. Sie erwachsen aus absichtslos versponnener, vertrödelter Zeit, in der die Gedanken wie Wolken ziehen, hängen bleiben, weiterwandern. Kreative Gedanken tauchen plötzlich, unerwartet, aus dem Nichts auf. Und Motivation entsteht, wenn man sich ganz an etwas hingeben darf.

Neugier und Lust auf das Leben − und

nichts anderes sind ja Kreativität und Motivation – entstehen da, wo es Spontaneität, Offenheit, Phantasie, Spiel, absichtsloses Ausprobieren und Selbstvergessenheit gibt – Quellen, die sich uns vernünftigen, vorausdenkenden, verantwortungsbewussten Erwachsenen leicht verschließen.

Kinder aber leben genau so. Die Quellen versiegen erst später, im Lauf des Lebens und unter dem Diktat des Alltags. Und doch: Der Zugang zu diesen Quellen steht uns jederzeit offen. Dieses Buch will kein Alibi dafür liefern, dass wir am Ende nur umso besser im Hamsterrad funktionieren. Im Gegenteil: Ich glaube, wer Zugang zu seinen ursprünglichen Gefühlen hat, passt sich weniger an, kann seine Lebenswünsche besser erkennen und damit auch verwirklichen.

Frauen haben es dabei leichter als Männer. Ihnen wird noch immer mehr Gefühl zugestanden; sie haben meist engeren Kontakt zu den Kindern als die Väter, sie haben Patenkinder, um die sie sich kümmern, Freundinnen, die Kinder haben, wenn sie selbst keine haben. Sie lesen mehr Märchen vor und lesen mehr Gedichte für sich selbst. Sie besprechen mit ihren Freundinnen öfter, was sie im Innersten beschäftigt, sie geben Seelenwünsche eher preis und haben oft ein Netzwerk von Freundinnen und Freunden, in dem sie sich geborgen und verstanden fühlen.

Gleichwohl kann es auch Frauen passieren, dass sie das Gefühl haben, sich selbst aus den Augen zu verlieren, dass die Quellen innerer Erneuerung versiegen, sie keinen Zugang mehr haben zu dem, was sie einmal waren und wozu sie sich einmal bestimmt fühlten.

Trotzdem können wir immer wieder zu uns selbst zurückkehren. Als Kinder wussten wir, was wir uns wünschten, wie wir leben und was wir werden wollten. Wir brauchen uns nur daran zu erinnern.

WOLKEN LESEN –
SICH MIT DER LEICHTIGKEIT
VERBÜNDEN

Manchmal mag man nicht mal ein Buch lesen, obwohl man endlich Zeit für den schönen dicken Roman hätte. Nur in die Luft gucken. Auf dem Balkon, auf der Liegewiese im Schwimmbad, am Meer. Vielleicht ist gerade niemand da, der Sie ruft, nervt oder einen Zeitungsartikel diskutieren will. Oder es gelingt Ihnen zu sagen: nachher, nicht jetzt … Dann könnten Sie Wolken lesen. Erinnern Sie sich? Der Himmel ist nicht leer. Er kann so dunkelblau, so tief sein, dass man die Schwärze des Alls dahinter ahnt. Oder so durchsichtig, hoch und hell, dass nur das Wort Frühling passt. Oder aber er ist ganz einfach blau und Sommerwolken segeln darin.

Im Engadin zum Beispiel, wo man, selbst schon auf annähernd zweitausend Meter Höhe, fast Teil des durchdringend klaren Lichtes wird. Dann kann man auf einer Bank direkt am Silser See sitzen, mit Blick nach Maloja hin, von wo der Pass steil hinab ins Bergell und nach Italien führt. Als ich das letzte Mal dort sass, war der Silser See bewegt, als ob er Meereswellen an Land zu tragen hätte, eine rauschende Bewegung in Schwarz und Silber. Wind von Süden. Im Bergell braut es sich zusammen, erste Wolken treibt der Wind von Süden vor sich her in den blauen Himmel hinein. Manche verfangen sich an den Bergspitzen, bleiben dort hängen und fasern aus, die anderen schwimmen im Blau und verformen sich zu immer neuen Gebilden.

Der Kopf eines Riesen wandelt sich in ein Pferd, das über die Himmelsfläche dahinjagt, Fratzen verziehen sich zu Löwenrachen, Vögeln wachsen große Schnäbel, ein Riesenblumenkohl zerfällt und türmt sich neu wieder auf. Ein junger Hund, ein Satyr mit Ziegenbart; da zupft sich ein Wolkengebilde zurecht, das aussieht wie ein Teil Frankreichs – die Bretagne mit ihrem charakteristisch vorragenden Kopf. Ich sehe die Bucht von Cancale, wo man bei Ebbe mit Gummistiefeln in der vom Meer umspülten Stadt im Schlick herumspazieren kann, vorbei an den Wohnungen Tausender von Austern … Je nach Wind vergehen die Bilder langsamer oder schneller; bei ruhigem Wetter bleiben sie eine Weile stehen, verändern unmerklich ihre Form, und wenn man eine Weile weggesehen hat, erkennt man sein Bild plötzlich doch nicht wieder.

Als Kinder haben wir den Wolken nachgeschaut, wenn der Himmel danach war. Nicht, wenn wir beschlossen hatten, uns dafür Zeit zu nehmen. Manchmal sollten wir uns einfach erlauben, der Phantasie nachzugeben, auch wenn wir eigentlich noch so viel zu erledigen hätten …

Übrigens ist die Lust, Wolken zu lesen beziehungsweise überall Formen und Gesichter zu erkennen, Teil des genetischen Überlebensplans. Unser Gehirn versucht in jeder Umgebung, Bedrohliches zu identifizieren, und sucht in diffusen Formen automatisch nach Gesichtern und ihrem möglichen Ausdruck.

In einem Gedicht von Hermann Hesse geht es um das Feste, Bleibende, dessen wir irgendwann überdrüssig werden, und um das Flüchtige, Vergängliche – um Spuren im Sand, um das Spiel der Wolken, ein Lachen, einen Blick, der uns streift, um die Musik und die Töne, die erklingen und schon wieder vergangen sind. Diese flüchtigen Augenblicke sind es, die glücklich machen. Sie sind kostbar, weil sie – wie das Glück – so vergänglich sind wie wir selbst.

Nichts gegen das Feste, Bleibende. Es kann sehr nützlich und angenehm sein, ob es nun eine Waschmaschine, ein Auto, die hoch technisierte Küche, ein schönes Schmuckstück, der Computer oder eine eigene Wohnung ist. Aber Dinge muss man pflegen, reinigen, erneuern, versichern und nicht zuletzt bezahlen. Man muss sie sich verdienen. Und wir bezahlen sie nicht nur mit Geld. Sie binden einen beträchtlichen Teil von uns an sich, auch wenn wir es oft kaum bemerken. Sie binden mit ihrer Schwere, dem Gewicht, das wir ihnen in unserem Leben verleihen, einen Teil unserer inneren Leichtigkeit, sie halten uns am Boden fest.

Um dem Spiel der Wolken oder der Schmetterlinge zusehen zu dürfen, Fußabdrücke oder Muschelbilder im feuchten Sand zurückzulassen, braucht es keinen »Verdienst«. Wir müssen nichts leisten und nicht nett gewesen sein, um uns damit zu belohnen. Im Gegenteil, wir bekommen noch etwas dazu: das beschwingte Gefühl, glücklich zu sein. Sich von Zeit zu Zeit mit der Leichtigkeit der Wolken zu verbünden, beflügelt die Phantasie. Und es entspannt ungeheuer. Atmen Sie durch! Sich mit dem Leichten zu verbinden macht leicht.

Als mein Sohn noch klein war und auf der Wippe mit mir schaukeln wollte, ging das nicht besonders gut. Ich war viel zu schwer, und er saß in der Höhe fest. Aber er hatte eine Idee: »Mach dich leicht!« rief er, und dann »Mach dich schwer!«

Ich versichere Ihnen, es funktioniert.

DIE ENTDECKUNG
DER LEIDENSCHAFT

E r hieß Herr Puschmann, einer der weni-
gen Lehrernamen aus meiner Schulzeit,
an die ich mich noch erinnere. Ich war in der
ersten Klasse des Gymnasiums, der Sexta, und
Herr Puschmann unterrichtete Biologie. Ich
verdanke ihm mein lebenslanges Interesse an
Pflanzen. Klein und, wenn ich mich recht erinnere, mit struppig wachsendem grauen Haar,
zog er mich sofort in seinen Bann. Er liebte das
Fach, das er unterrichtete, und er mochte sei-

ne Schüler. Zu Beginn des Unterrichts hängte er die gemalten Botaniktafeln auf, Kunstwerke für sich, die jeweils eine Pflanze in all ihren Charakteristika zeigten – die Wurzel, den Stängel, das Blatt, Knospe, Blüte, Samenstand und Frucht. Ich liebte diese Tafeln, habe sie auch später noch auf Flohmärkten erstanden; sie hatten etwas von der Reinheit einer Architekturzeichnung aus der Renaissance.

Herr Puschmann führte uns auch ein Mikroskop vor und zeigte uns, wie man damit den Quer- oder Längsschnitt durch eine Pflanze vielfach vergrößert betrachten konnte. Das Ergebnis faszinierte mich. Das Mikroskop öffnete das Tor zu einer anderen, für mich unbegreiflich schönen Welt von Mikrostrukturen, eine Welt, die so völlig anders war als das, was täglich um mich war – geheimnisvoller, fremder und doch einer atemberaubenden Ordnung unterworfen.

Ich bewunderte Herrn Puschmann, der mir etwas gezeigt hatte, wovon noch kein Mensch mir je erzählt hatte; er war der Wächter dieses Schatzes, konnte Zugang gewähren oder verweigern. Er spürte, dass er einen Funken in mir entzündet hatte, und er wollte ihn nicht verglimmen lassen. Im Lehrplan der Sexta war Unterricht mit dem Mikroskop nicht vorgesehen, er hatte uns nur einen Vorgeschmack auf die vielen Wunder geben wollen, die der Biologieunterricht noch für uns bereithalten sollte. Er verstaute das Gerät sorgfältig wieder in seiner Hülle. Nach der Stunde rief er mich zu sich. In der Prima, mit den Großen, arbeite er zur Zeit mit dem Mikroskop. Wenn meine Eltern es erlaubten, dürfe ich an diesem Unterricht teilnehmen.

Ich war sprachlos, überwältigt von der Möglichkeit, die er mir in Aussicht stellte, und ich spürte zum ersten Mal wie ein Funken in Feuer umschlägt; das Feuer, dass – in diesem Fall – Wissensdurst und Wissenshunger entfachen können.

Und ich erlebte meine erste Leidenschaft:

verzaubert, hingebungsvoll, aufgewühlt, war alles andere in meinem Kinderleben zweitrangig geworden.

Ich hätte mich über ein Verbot meiner Eltern hinweggesetzt, hätte Herrn Puschmann, den ich so verehrte, angelogen, um an seinen Stunden teilnehmen zu können; ich dachte nicht darüber nach: Leidenschaften erobern unser ganzes Herz, nicht nur ein halbes.

Die Mikroskopiestunden fanden im obersten Stockwerk der Schule statt (die Schüler zogen mit den höheren Klassen auch in ein höheres Stockwerk um), vermutlich im Chemielabor, denn allein schon der Raum wirkte einschüchternd auf mich. Die großen Schüler, für mich schon erwachsen, waren wohlwollend, meinen Pferdeschwanz hatte ich fest zusammengebunden, damit mir ja kein Haar vor die Linse kam. Und dann hatte ich, wie alle andern auch, ein großes Mikroskop vor mir und eine Reihe gläserner Objektträger und hauchfeine Deckplättchen.

Die Wörter »Leidenschaft« und »heilig« werden oftmals in einem Atemzug genannt, und sicher haben die Rituale, mit denen man seine Leidenschaften anreichert, etwas Sakrales. Meine Objektträger und Deckplättchen, die ich sorgsam behandeln und vorsichtig reinigen musste, waren mein sakrales Zubehör für den heiligen Akt – und die scharfen Messer, mit denen ich in äußerster Konzentration die hauchfeinen Schnitte ausführte.

Ich weiss nicht mehr, was wir alles unters Messer nahmen und auf die Glasträger legten, womit wir die Schnitte einfärbten und welche Schlüsse wir daraus zogen. Ich erinnere mich nur an das Hochgefühl, die Lust, die Liebe, die Hingabe, die mich in diesen Stunden erfüllten.

Samstagmittags nach Schulschluss ging Herr Puschmann des öfteren auf einen Spaziergang in den Wald. Eine Mitschülerin und ich durften ihn begleiten. Auch dies war natürlich eine Auszeichnung, die uns stolz machte, ein abenteuerliches Gefühl, und Herr Puschmann zeigte uns in der Natur, was wir im Unterricht besprochen hatten.

Meine Mutter verbot mir diese Spaziergänge bald. Sie hatte Angst, Herr Puschmann könnte unlautere Absichten haben. Heute kann ich sie verstehen. Obwohl es keine Anzeichen dafür gab, dass sie hätte Recht haben können. Damals war es einer großer Schmerz für mich, als die Puschmann-Ära endete. Immerhin verdanke ich diesem Menschen die Entdeckung der Leidenschaft.

Ich habe heute kein Mikroskop mehr und einen ganz anderen beruflichen Weg gewählt. Aber die Sehnsucht nach Wissen und vertieften Erfahrungen überkommt mich immer wieder in der Routine eines oft oberflächlichen Alltags. Und eines kann ich mir nicht vorstellen – ohne Leidenschaft glücklich zu sein. Doch gerade dieses Gefühl kann sich bei den Erwachsenen und in der Welt, in der sie leben und schuften, schwer durchsetzen. Heißt es nicht immer, die Leidenschaft sei den Erwachsenen vorbehalten? Dabei üben sie täglich aufs Neue, meistens mit relativ großem Erfolg, ein Leben ohne Leidenschaft.

Die Leidenschaft ist ein anspruchsvolles, unberechenbares, unangepasstes, gefährliches Gefühl, das die Ordnung durcheinanderbringt und viel zu absolut ist: Sie könnte uns aufrührerische Gedanken eingeben, Termine vergessen, andere Prioritäten setzen lassen als die, denen wir uns freiwillig oder unfreiwillig gefügt haben – sie könnte uns verändern.

Nun heisst es zwar immer, wir müssten zu Veränderungen bereit sein, nur zu welchen?

Leidenschaftliche Menschen sind motiviert, kreativ und innovativ, und genau diese Eigenschaften werden gefordert, wenn wieder einmal umstrukturiert wird und neue Führungsstrategien eingeführt werden. Aber gleichzeitig sollen wir in berechenbarem und kontinuierlichem Maße effizient sein, also ein Plansoll erfüllen, das wir selbst mit Formularen und Tabellen laufend überwachen. Wir sollen auf immer enger gesetzte Termine hinarbeiten und stets an die

Zahlen denken, die unser Schicksal bestimmen, nämlich die Tatsache, ob wir demnächst noch einen Job haben oder nicht. Es leuchtet ein, dass diese Forderungen unsere Leidenschaftlichkeit für die Sache nicht gerade begünstigen. Und auch im Zusammenleben, es lässt sich nicht leugnen, stiftet Leidenschaft Unruhe und nicht selten auch Leiden.

Leidenschaft muss man aushalten können.

Leidenschaftlich zu arbeiten, zu leben, birgt ein Risiko. Trotzdem: Ist es nicht beengend, macht es das Leben nicht monoton und unerklärlich grau, kühlt es die Lebenslust nicht ungemein ab, wenn wir kein inneres Feuer, keine Begeisterung, keine Sehnsucht mehr spüren?

Kinder gehen das Risiko der Leidenschaftlichkeit ein. Sie denken gar nicht darüber nach. Es ist die Aufgabe des Erwachsenen in uns, dieses Risiko einzuschätzen und, wenn nötig, zu lenken und zu begrenzen. Nur: wer nie eine Leidenschaft gefühlt und ihr nachgegeben hat, hat etwas Wesentliches im Leben versäumt.

DER REALITÄT NICHT DAS
LETZTE WORT LASSEN

D as Mädchen, etwa sieben oder acht Jahre
alt, hatte braune Augen und fiel mir we-
gen seines etwas altmodisch wirkenden, dunkel
glänzenden Pagenkopfes auf. Die Eltern setz-
ten sich mit dem Bruder der Kleinen, die von
den Eltern Meret gerufen wurde, auf die Ter-
rasse des Restaurants. Sie selbst ging nur kurz
mit zum Tisch und erklärte dann, ohne Wider-
spruch zu dulden: »Ich geh noch spielen«. »Wo?«
fragte der Vater, und sie antwortete, »dort, bei

der Skulptur« und war schon unterwegs. Ich sah ihr zu, als sie aufmerksam um die in Bronze gegossene Frauenfigur herumstrich und sich ihren Reim darauf zu machen schien.

Aber dann zog es sie weiter zu einer Palmengruppe und dichten Büschen, unter denen ein kleiner höhlenartiger Schattenplatz entstand. Ein paar Sonnenstrahlen fielen durch die dichten Blätter und malten ein helles, bewegtes Muster auf die Erde. Etwas huschte davon, vermutlich ein Vogel oder eine Eidechse.

Das Mädchen kauerte eine Weile unter den Zweigen und kehrte dann zu den Eltern zurück. Sie war sehr zufrieden. »Ich hab ein Eichhörnchen gestreichelt«, sagte sie. Ich hatte die Szene genau beobachtet und würde schwören, da war kein Eichhörnchen – schon die Art der Vegetation sprach entschieden dagegen …

Die Kellnerin kam. »Um diese Zeit gibt es nur kalte Küche«, sagte sie. Ehe die Eltern etwas dazu sagen konnten, rief Meret, die der Kellnerin aufmerksam zugehört hatte: »Dann nehm ich Spaghetti mit Tomatensauce!« Die Eltern entschuldigten sich und bekamen Schinken mit Melone. Aber Meret bekam Spaghetti.

Ein bemerkenswertes Mädchen.

Hatte die Kleine gelogen? Ja und nein. Sie hatte ein Eichhörnchen gestreichelt, nur ich hatte es nicht gesehen. Niemand konnte es sehen außer ihr. Aber auch das Nichtsichtbare, das, was wir uns nur vorstellen, ist zumindest in diesem Moment wirklich und wahr, genauso wie die reale Welt; es ist gleich lebendig und hat die gleiche Berechtigung zu sein. Die Phantasie setzt neben das, was ist, das, was sein könnte oder was sich jemand wünscht. Die Phantasie erweitert das Bild der Welt um die immaterielle Dimension und macht sie so erst vollständig.

Meret hat Phantasie, deshalb lebt sie in einer reicheren Welt. Was täten wir ohne die Vorstellungskraft? Es macht die Welt erträglicher, wenn wir uns wenigstens vorstellen können, dass sie besser sein könnte. Manchmal wissen wir genau, wie das aussähe. Mit unserer Vorstellungskraft und unseren Wunsch- und Tagträumen überbrücken wir Wartezeiten, Zeiten der Sehnsucht. Nicht zuletzt manipulieren wir schlechte Erinnerungen in Gedanken in erträgliche um.

Meret ist aber noch in anderer Hinsicht ein erstaunliches Vorbild. Sie hält an ihren Ideen und Wünschen fest, auch wenn die Realität dagegen spricht. Nur weil die Küche schließt, ist das für sie noch kein Grund, die wunderbare Vorstellung von Spaghetti mit Tomatensoße aufzugeben.

Hoffentlich murkst in der Erziehung keiner an ihr herum. Dann wird sie auch später noch um eine Idee kämpfen, Widerstände überwinden und weiter daran glauben, dass Ideen über die Realität siegen können – manchmal.

Vielleicht lernt sie einmal die Bilder ihrer Namenscousine Meret Oppenheimer kennen. Auch sie gehorchen der Realität nicht und wirken immer noch überraschend, lebendig und neu. Auf jeden Fall aber sollten wir uns bei Meret eine Scheibe abschneiden. Sie macht's richtig.

WER NASCHT, BEKOMMT EINS AUF DIE FINGER – PLÄDOYER FÜR EIN BISSCHEN UNSERIOSITÄT

Naschen Sie eigentlich gern? Mir fällt dazu eine typisch weibliche Antwort ein: »Naschen macht dick!« Naschen ist also verboten. Denn naschen bezieht sich auf die süßen Dinge im Leben. Schon das Wort. Es wird kaum noch gebraucht – obwohl es doch so lautmalerisch die heimlich-schnellen, all die kleinen wunderbar intensiven Genüsse beschreibt. Kurze, gestohlene, himmlische Momente, Feuerwerke der sinnlichen Lust. Wir sind doch eine prüde Gesellschaft! Kalorien zählen, Gewicht kontrollieren, sparen für die wichtigen, großen Genüsse (welche?), wenn es einem dann mal gut geht.

Ich sage, naschen ist schön. Deshalb wird es uns verboten. Es könnte uns auf den Geschmack bringen, anstiften, Lust machen. O ja, Lust auf alles Mögliche. Wie ist das mit dem Männervernaschen? Auch eine eher abschätzige Bewertung einer durchaus lustvollen Angelegenheit.

Wer nascht, bekommt eins auf die Finger – Essen und Erotik haben etwas miteinander zu tun. Natürlich steigert die Heimlichkeit, die Gefahr, ertappt zu werden, die Lust des Naschens noch. Deshalb haftet dem Vernaschtsein fast etwas Unseriöses an, ein bisschen was Verruchtes. Von Diäten darf man hingegen immer erzählen, tugendhaft wie das gesunde Leben ist.

Erinnern Sie sich noch an die süßen Freuden der Kindheit?

Den Karamellbonbon im Zahn? Sahnebraun.

Klebrig-zäh und etwas widerborstig, bis er sich ergab? Die rosafarbene Zuckerwatte auf dem Kirmesplatz? Die haarfeinen Fäden waberten und flatterten in dem Kessel, in dem sie gerührt wurden, und die Portion war so groß, dass einem fast schlecht wurde …

Und dann die Schokoküsse, ein Lusterlebnis der besonderen Art, wenn man zuerst den Deckel köpfte, ohne die Grundform zu beschädigen, und dann das weiße, etwas glitschige Innere mit der Zunge aushöhlte, langsam kreisend, bis man an den Waffelrand stieß und ihn glatt leckte, um dann das Töpfchen endlich zerbeißen und hinunterschlingen zu können.

Noch erregender war das Brausepulver (Waldmeister!), das man in den Handteller schüttete. Mit etwas Spucke fing es an zu kribbeln und zu brausen und erzeugte ungeahnte Sensationen …

Da waren die Lakritzrollen mit ihrem bitteren Geschmack, die eine schwarze Zunge zurückließen, die schwarzen Briketts, die, *en mi-*

niature, wirklich aussahen wie die Kohlebriketts, die im Winter in den Ofen geschoben wurden, die Himbeerbonbons, auch sehr lecker, und all das andere zuckersüße Zeug, das wir uns am Kiosk kauften. Eine Schulfreundin deckte sich jeden Tag reichlich damit ein, heimlich, und ihr Taschengeld floss aus unbekannten Quellen nach.

Viel bescheidener im Geschmack und doch als Lusterlebnis der besonderen Art in mein Gedächtnis eingegangen ist das Milchpulver, das in einer Dose auf dem Schrank stand. Es war, nach dem Krieg, eine gehütete Kostbarkeit, und selbstverständlich war es uns Kindern verboten, uns einfach aus der Dose zu bedienen. Extra köstlich deshalb die seltenen Augenblicke, wenn meine Cousine und ich uns einig waren: Jetzt, jetzt würden wir uns einen Teelöffel voll aus der Dose stehlen, und das mehlartig feine Pulver mit dem konzentrierten, aber nicht besonders süßen Geschmack bildete erst Klümpchen und zerging dann auf der Zunge.

Noch lieber war es mir, wenn meine Tante uns zum Tante- Emma-Laden schickte, wo man Sauerkraut aus dem Fass in ein mitgebrachtes Gefäß abfüllen lassen konnte. Meine Cousine trug die Schüssel, die mit einem Tuch bedeckt war. Auf dem Weg nach Hause zupfte sie ein paar Krautfäden darunter hervor. Ich sah voll Verlangen zu. »Wenn du auch was nimmst, merkt die Mutti es!« sagte sie abwehrend und streng. Etwas Sauerkraut bekam ich dann doch.

Es muss nicht immer etwas Süßes sein, wenn wir ans Naschen denken, wie man an diesem Beispiel sieht. Greifen Sie also ruhig zu, einmal ist keinmal, in Salz eingelegte Sardellen, ein Rollmops, die kleinen in Öl eingelegten Ziegenkäse mit Pfeffer können auch glücklich machen. Wenn die Lust riesig wird: Nachgeben!

Nutzen Sie die kleinen Gelegenheiten! Umfragen zufolge sind wir kein glückliches Volk. Die Dänen, Isländer und Brasilianer sind tausendmal glücklicher als wir! Das sollten wir ändern.

DIE NEUGIER
ÜBER DIE LANGEWEILE
SIEGEN LASSEN

G eh doch bisschen auf den Spielplatz«, sagte meine Tante Hannchen, bei der ich
oft zu Mittag aß, wenn ich bei meinem Vater
in den Sommerferien war. Da, wo sie wohnte,
war die Stadt schon fast zu Ende, die Häuser
standen vereinzelt, an manchen Stellen wurde
neu gebaut. Auf einem mit grau-schwarzem
Kies bestreuten Platz, auf dem ein paar Pappeln
wuchsen, war ein Spielplatz mit Rutschbahn,

Schaukeln und einem Kettenkarussell eingerichtet worden. Der Platz war leer bis auf ein
paar größere Jungs, die mich gleich wieder vom
Karussell vertrieben. Die Luft war trocken, heiß
und staubig, meine dunkelblauen Sandalen sa-
hen bemehlt aus. Ich blickte hinunter auf meine Füße, malte Kringel in den Kies und liess
die Kiesel durch die Schuhe rinnen, zwischen
meiner Fußsohle und der Innensohle der Schuhe hindurch. Ich fand den Spielplatz öde. Hier
würde sich rein gar nichts abspielen.

Ich lief los, an den Baustellen vorbei, einem
holprigen Weg nach, der durch struppig und
distelig bewachsenes Gelände führte. Plötzlich
stand ich vor einem alten Drahtzaun mit einem
wackeligen Türchen. Hinter dem Zaun sah das
Land aus wie vor dem Zaun: staubig, voller Un-
kraut, durchsetzt mit groben Steinen und Trüm-
merresten aus dem Krieg. Das eingezäunte Gelände lag an einem nicht sehr steilen Hang. Weiter oben sah man ein paar alte knorrige Obst-
bäume, kleine pockennarbige Äpfelchen hingen

daran, und da war ein Hütte, die aus ungleich langen Holzlatten zusammengestückelt war.

Kein Mensch war zu sehen, aber ein paar Meter von mir entfernt, auf der anderen Seite des Zauns, standen zwei magere Ziegen, die mich unentwegt ansahen. Leise machte ich das kleine Tor auf und ging mit langsamen Bewegungen auf die Ziegen zu. Ich hätte sie gern gestreichelt, aber ich traute mich nicht, darum fing ich an, mit den Ziegen zu sprechen. Sie betrachteten mich mit honiggelben Augen und schienen zuzuhören. Das freute mich. Ich streckte die Hand aus und hielt sie den Ziegen unter die Nase, die daran schnüffelten und sich dann streicheln ließen. Ich spürte das kurze warme Fell, die beiden hielten ganz still: Sie waren einverstanden, dass ich da war. Wir waren jetzt befreundet. Ich fühlte mich auf dem unwirtlichen, drahtumzäunten Platz geborgen.

Nach einer Weile tauchte oben vor der Hütte ein alter Mann auf. Ich erschrak: Gleich würde er mich entdecken, auf seinem Grundstück,

bei seinen Ziegen, und mich dann sicher aus-
schimpfen.

Er kam langsam auf mich zu, und ich überlegte, ob ich weglaufen sollte. Aber ich stand
da wie angewurzelt, mit ganz schweren Beinen
und schaute ihm einfach entgegen. Es würde
passieren, was passieren musste!

Er sah anders aus als die Männer, die ich
sonst kannte, mit seinen grauen Bartstoppeln,
den ungekämmten Haaren, die filzig vom Kopf
abstanden, und seinen zerlumpten Kleidern.
Erstaunt sah er mich an. Dann lächelte er. Ich
stand ganz still. Ich sah in einen Mund mit großen Zahnlücken und ein paar Stummelzähnen.
Er sagte nichts, und ich sagte auch nichts. Dann
streckte er eine Hand mit schwarzen Trauer-
rändern unter den Nägeln aus und strich den
Ziegen über den Kopf und den Rücken, ziem-
lich fest und immer wieder. Dann sagte er zu
mir: »Du kannst den Ziegen Futter suchen.«
Ich nickte. Er ging mit schlurfenden Schritten
davon und deutete dann auf eine der verstreut

wachsenden Disteln: »Die haben sie am liebsten.«

Ich riss und zerrte mühsam eine aus dem Boden, da stand die eine Ziege schon hinter mir und begann an dem Kraut zu kauen, noch ehe ich es ausgerissen hatte. Wie viel ich auf einmal zu tun hatte! Wie gierig die Ziegen waren!

Die Sonne sank tiefer. Ich musste nach Hause, zurück zu Tante Hannchen, aber schnell! Ich rannte. Ich erzählte nichts vom Ziegenmann, auch meinem Vater nicht. Ich hatte ein Geheimnis, und ich hütete es lange. Wann immer es ging, verschwand ich, war an dem steinigen, wilden Ort, pflückte die Disteln und tat meine Arbeit. Den Spielplatz, diesen langweiligen Ort, ließ ich verachtungsvoll hinter mir liegen.

Manchmal bekam ich den Ziegenmann gar nicht zu Gesicht, an anderen Tagen machte er sich an seiner Hütte oder davor zu schaffen; dann sah er mir zuweilen auch beim Füttern zu oder zeigte mir mit einem Handgriff, wie ich die Disteln besser packen konnte. Stille war um uns vier, die Sonne schien auf uns herab. Das wortlose Glück, die fraglose Geborgenheit, einen Sinn im Leben gefunden zu haben war mein Geheimnis in diesem aufregenden Sommer.

Einmal winkte mich der Alte herbei und nahm mich mit in seine Hütte. Holte aus dem Halbdunkel, in dem ich nach und nach eine Matratze auf einem Metallrahmen, einen Tisch und einen Stuhl erkannte, eine bunte, abgegriffene Blechdose hervor, öffnete sie und fischte einen klebrigen roten Bonbon heraus. Der war für mich. Ich hielt den Bonbon, der genau wie eine Himbeere aussah, in der Hand. Ein Geschenk. Ich wusste nicht recht, ob ich die Himbeere essen sollte – ein bisschen unheimlich war mir auch in dem dunklen Raum, zusammen mit dem alten Mann. Trotzdem hatte ich meiner Neugier nicht widerstehen können. Wie am Anfang der Ferien, als ich die Tür zu dem verbotenen Grundstück geöffnet hatte, um zu sehen, was mich auf der andern Seite des Zauns erwartete.

An diesem Abend erzählte ich meinem Vater vom Ziegenmann. Er verbot mir, noch einmal hinzugehen.

Im nächsten Sommer, als ich mich zu unserem Distelgarten schlich, war dort nur noch eine Baustelle. Ich hatte das Gefühl, den Ziegenmann und mein Glück verraten zu haben.

So simpel diese Geschichte ist – der Ziegenmann ist mir bis heute wichtig. Spielplätze finde ich auch jetzt noch schrecklich, ein Notbehelf, den Erwachsene sich für Kinder ausdenken, weil sie sich nicht mehr vorstellen können, wie neugierig Kinder sind, wie interessant die Welt für sie ist. Kinder erfinden sich ihre Spielzeuge, ihre Spiele und ihren Lebenssinn schon selbst, wenn man sie lässt.

Meine Neugier, die andere Seite des Zauns zu erforschen, hat mir in jenem Sommer viel gebracht: Es gelang mir, meine Ängstlichkeit zu besiegen und etwas zu wagen.

Ich schloss Bekanntschaft mit einer Welt, die mir bis dahin fremd war – so lebte ich sonst nicht; noch nie hatte ich einen Menschen so hausen sehen. Ich erlebte, dass das Fremde uns freundlich gesinnt sein und dass man sich ohne Worte verstehen kann. Ich entdeckte, dass ich meinen Ferientagen einen Sinn geben konnte – ich tat etwas Nützliches, suchte Futter für meine Freundinnen, die Ziegen. Ich erlebte eine Welt, die Tier und Mensch einschloss, ohne Fragen zu stellen. Ich fühlte mich geborgen an einem Ort, den ich mir selbst erobert hatte und den der alte Mann, in dessen ärmliche Heimat ich eingebrochen war, großzügig mit mir teilte. Ich erfuhr das Glück der Freundschaft und ich spürte, wie sorgsam man es hüten muss. Ich hatte mein Geheimnis.

Geheimnisse können einen Sinn haben. Sie können ein Gefühl schützen. Nicht alles kann man teilen, mitteilen. Ich verlor mein Glück, als ich davon erzählte. Und ich erfuhr, wie man sich fühlt, wenn man etwas Kostbares verrät.

Folgen Sie Ihrer Neugier. Lassen Sie sich von ihr führen. Gehen Sie den Weg, von dem Sie noch nicht genau wissen, wohin er Sie führt.

Wie bei einer Wanderung im Wald, in den Bergen, wo Wegweiser Sie an unbekannte Plätze locken, mit neuen, unbekannten, ungeahnten Aussichtspunkten. Die Neugier bringt Sie in unbekannte Länder. Haben Sie keine Angst. Seien Sie vorsichtig, aber nicht zu vorsichtig. Vertrauen Sie Ihrer Neugier. Sie ist nicht nur das beste Mittel gegen Langeweile. Sie bringt Ihnen nicht nur Erkenntnisse über die Welt, sondern auch über sich selbst.

A ls Kinder haben wir leidenschaftlich ge-
spielt – Vater, Mutter, Kind; Bäumchen
wechsle dich, Himmel und Hölle; wir haben
Murmeln gesammelt und sie um die Wette rollen lassen, haben Seilhüpfen gemacht und Dok-
tor- und Rätselspiele. Wir haben Höhlen im
Wald gesucht und Baumhäuser gebaut. Haben

Mikado geworfen und Domino gelegt. Wir haben uns versteckt, bis zehn gezählt und uns gesucht – kurz, wir haben im Spiel unsere Geschicklichkeiten und Eigenschaften erkundet und uns im Rahmen anderer erleben gelernt. In manchen Spielen waren wir gut, brachten es zur Meisterschaft, zur Anerkennung unter den Spielkameraden, waren bewundert und gefürchtet oder eine Niete, die sich bei den komplizierten Fadenhüpfspielen in der Schnur oder dem Gummi einfach immer verhedderte.

Beim Vater-Mutter-Kind-Spielen wollten die meisten Mädchen die Mutter sein. Ich nicht. Ich war lieber der Vater, das Familienoberhaupt, das arbeiten ging und bestimmte, wo es lang geht. Diesem Spiel bin ich irgendwie treu geblieben, obwohl es damals sicher dem Wunsch nach Kompensation entsprang – wenn ich mit meiner fünf Jahre älteren Cousine Gabi spielte, musste ich der Hund sein und still unter dem Tisch sitzen, während die größeren Mädchen auf dem Tisch tolle Sachen spielten. Gabi hingegen spielte oft »Mutter«, war aber dann sehr streng mit ihren Kindern, etwas, was wir von meiner Tante gar nicht kannten, die uns viel Freiraum ließ. Auch meine Cousine blieb dem Kinderspiel treu: Sie heiratete, bekam drei Kinder und zog alle streng und gerecht auf. Aus allen ist »etwas Ordentliches« geworden.

Natürlich schlugen wir gern die Spiele vor, in denen wir gut waren. Doch das Schicksal war gerecht – so wie die Begabungen auf die verschiedenen Kinder unterschiedlich verteilt waren, setzte man sich ab und zu durch und musste andere Male andern den Vortritt lassen.

Ich war geschickt mit den Händen – bei den Fingerspielen, beim Mikado, mit den Murmeln; wo man gut rennen können musste, hatte ich Nachteile, machte aber beim Versteckspielen einiges durch ein gutes Ohr und Intuition wett; bei Ballspielen war ich eine Katastrophe.

Und während ich stundenlang Mensch-ärgere-dich-nicht spielen konnte, weil ich es erholsam fand, dass nur das Glück den Ausschlag

gab, hat sich mein Sohn, als er klein war, der-
maßen geärgert, wenn er zu verlieren drohte,
dass er das Spiel abbrach und sich schmollend
verzog. Er ist auch heute noch kein guter Ver-
lierer.

Beim »Bäumchen wechsle dich«, wo man
im Kreis stand und auf diesen Zuruf wartete,
der von dem Kind kam, das in der Mitte stand,
kam es auf schnelle Reaktionen an. Denn alle mussten den Platz wechseln, während das
Kind in der Mitte versuchte, wieder einen Platz
im Kreis einzunehmen, so dass der Langsams-
te übrigblieb. Es war aber, ohne uns bewusst zu
sein, auch ein Spiel, in dem man »verschiedene
Standpunkte« einnahm und eine gewisse soziale
Rangordnung durchspielte (wie in vielen Grup-
penspielen).

Im Spiel begegneten wir uns selbst: So bin
ich, das kann ich, das mag ich. Und wir alle haben eine ganze Menge ausprobiert.

Ein weites Feld: Erinnern Sie sich noch, wie
viele verschiedene Spiele es gab? Welche Sie be-

sonders liebten? Oder vermieden? In welchen Rollen Sie sich wohl fühlten? Wo Sie gern gut gewesen wären?

Mit der Zeit haben wir uns mit uns selbst eingerichtet, die Spiele wurden weniger. Wir hatten ein paar favorisierte Spiele, einen Lieblingssport. Wir hatten feste Ansichten über uns selbst: Wir fanden uns unsportlich oder sportlich, dick (meistens) oder hatten zu wenig Busen, wir waren gerne gute Schülerinnen oder »Rebellen«, die in »Benehmen« stolz schlechte Noten einkassierten. Wir waren die Anführerin einer Mädchenclique oder eine stille Einzelgängerin mit nur einer besten Freundin. Wir waren die Temperamentvolle oder die Grüblerische. Wir hatten Erfolg bei Jungs, waren ein Mauerblümchen oder die mit dem festen Freund schon ganz früh.

Als wir erwachsen waren, hörten wir mehr und mehr auf, uns zu fragen, wie und was wir sonst noch sein könnten. Wir hörten auf, uns immer wieder – unbekümmert, spielerisch und ohne Angst (»Was kommt dabei heraus?«) – in neuen Situationen auszuprobieren.

Die Zeit der Erkundungen war vorbei. Wir waren Lehrerin, Sekretärin, Postbeamtin, Biologin, Krankenschwester, Ärztin, waren Mutter, Freundin, Ehefrau, Single.

Wir Erwachsenen haben Angst vor dem Himmel und Angst vor der Hölle – wir leben im grauen Mittelmaß des Alltags. Nur manchmal meldet sich eine innere Unruhe, eine merkwürdige Langeweile, eine Unzufriedenheit mit der Welt – alles ist okay, aber war es das?

Schluss, wie eine Freundin es nennt, mit der Schimmelrille, in der wir laufen wie früher die Nadel auf der guten alten Schallplatte. Zeit, wieder spielerischer zu leben, Zeit, sich wieder einmal neu zu erproben. Herauszufinden, was wir noch alles sein und machen könnten.

Wie unternehmungslustig sind wir eigentlich noch? Haben wir nicht damals, als Indianersquaw, die Umgebung unsicher gemacht? Im Bach Dämme gebaut? Mit Matsch und Wasser einen Teich angelegt? Wundersame Tränke aus Beeren gebraut? Den Puppen eine Wohnung gebastelt und Puppenkleider nähen wollen?

Man könnte sich doch endlich wieder einmal auf etwas einlassen, was man schon ewig nicht mehr gemacht oder noch nie gewagt hat:

Heimlich üben, ob man nicht doch den Handstand können könnte (ich!), morgens früh aufstehen, obwohl der Liebste gern lang schläft – eigentlich war man doch eine Frühaufsteherin, früher. Das alte Fahrrad herausholen und eine Runde machen. Schach lernen, obwohl man überzeugt ist, das nicht zu können; über den See schwimmen und viel sportlicher sein als man dachte; eine Bergwanderung mitmachen, obwohl man immer versichert hat, man möge die Berge nicht. Boccia spielen, weil es einen an die schönen Murmeln erinnert, auch wenn die Bocciakugeln nicht so geheimnisvoll aussehen wie die kostbaren »Tigeraugen«, die wir damals gesammelt haben. Sich ein Kleid nähen, nach Schnittmuster (»Ich kann nicht nähen, und das schöne rote Samtkleid, das meine Mutter für meine Lieblingspuppe genäht hatte, hab ich durchs Waschen völlig verhunzt«). Kartoffeln pflanzen, weil man die Kartoffeln der Kindheit vermisst (»In Amerika sind die Kartoffeln weiß, gar nicht so wunderschön gelb wie die Kartoffeln in Deutschland!«) oder Orchideen züchten. Die Angst vor dem Autofahren überwinden (Er: Lass mich besser fahren; die Kupplung ist ein bisschen heikel!), ein Lern-L und ein Auto kaufen und sich großartig fühlen, ganz allein dahin zu fahren, wohin man selber will (den Weg und alle Pausen selbst bestimmen!).

Cello spielen lernen und, wenn es damit nicht so richtig klappt, nicht traurig sein und etwas Neues anfangen.

Noch einmal ein Poesiealbum anlegen und alle Freundinnen bitten, uns einen Satz, ein Gedicht hineinzuschreiben, das sie wichtig finden – nach einer Zeit schon gelebten Lebens. Erinnern Sie sich noch an die Poesiealben, die wir als kleine Mädchen herumreichten, und alle

Freundinnen schrieben einen weisen Spruch hinein, mit Abzieh-Glimmer-Bild und in Schönschrift? Das war dann so ein Proviant fürs Leben – der könnte jetzt einmal erneuert werden.

In einem solchen Poesiealbum könnte zum Beispiel dieser Satz stehen, der mir sehr gefällt:

Fange nie an, aufzuhören
und höre nie auf, anzufangen.

Das können Sie nicht?

Sie haben auch früher, als Kind, nicht alles gekonnt. Aber probiert. Sie haben sich damals nicht so schnell mit sich selbst zufriedengegeben. Früher einmal war es eine Lust, neue Fähigkeiten, Tricks, Belohnungen und Strafen zu »erfinden«. Wissen Sie, warum Spielen so erholsam ist? Spiele sind nicht todernst. Im Spiel gibt es kein wirkliches »Versagen«, und die Spiel»strafen« tun nicht wirklich weh, ärgern einen bloß …

Wann hatten Sie eigentlich zum letzten Mal

dieses triumphale Gefühl: ich kann's, es klappt!
– und diesen ungeheuren, selbstbestätigenden
Stolz? Wie damals, als Sie etwas probierten, und
es ging … es ging besser, als Sie dachten … es
ging sogar super …

Gut, immer klappt es nicht. Als ich einen
Sommer in einem Kinderheim auf der Insel
Baltrum verbrachte und bei einem Strandfest
alle Kinder eine hohe Stange hinaufklettern
sollten, wo ganz oben – unendlich weit oben –
ein Ring voller Süßigkeiten hing, von denen
man sich als Lohn und Preis eine »abpflücken«
konnte, empfand ich mein hilfloses Klebenblei-
ben unterhalb der Mitte der »Fahnenstange« als
absolut kläglich. Noch beschämender war der
Trostpreis, den ich schließlich bekam.

Andererseits: Was in meinem Leben lässt sich
mit dem Stolz vergleichen, den ich fühlte, als auf
dem winzigen Stück Erde, das ich vom Blumen-
beet meines Großvaters hinter dem Haus abgegrenzt hatte, eine Erbsenpflanze wuchs und *eine* Erbse hervorbrachte, in einer glatten, prallen

Schote. Vor dem Beet stand eine Gartenbank, von der aus ich das Wachsen der Erbse über Tage und Wochen beobachtet hatte, wie man bei einer Schwangerschaft einen Bauch dicker und dicker werden sieht. Und wie wird aussehen, was sich darin verbirgt? Ich hatte hier ein bisschen die Erde gelockert, da ein wenig gegossen, die Ranken bewundert, die Sonne herbeigebetet, bei schlechtem Wetter Ängste um die Erbse gehabt – und dann war sie da. Ich öffnete die reifgewordene Schote und sie lag darin eingebettet, die Erbse, sanftgrün, vollkommen rund – wie eine Perle in einer Muschelschale. Ich aß sie roh. Den süsslich-kernigen Geschmack und die Begeisterung, den Triumph dieses Augenblicks werde ich nie vergessen. Keine Schulleistung, nicht der Abschluss an der Universität, höchstens die Fahrprüfung kamen an dieses Gefühl auch nur annähernd heran.

Noch heute träume ich davon, irgendwann einen (kleinen) Garten für die (großen) Erfolgsgefühle zu haben. Es wird schon noch werden.

Und was möchten *Sie* als nächstes ausprobieren, um sich wieder einmal triumphal zu fühlen?

DER DUFT DER KINDHEIT

Wir erinnern uns nicht nur mit Gedanken. Auch die Textur eines Stoffes, Farben, Temperaturempfindungen, Töne, Düfte und Gerüche können Erinnerungen hervorrufen.

Die Kindheit selbst scheint einen eigenen Duft zu haben. Bei jedem Menschen einen anderen, zusammengesetzt aus den unterschiedlichsten Ingredienzien, süßen und herben, sanften und starken. Und wenn wir ihm wieder begegnen, sind wir augenblicklich in die Kindheit zurückversetzt.

Der Geruch einer bestimmten Zigarrensorte, die der Vater rauchte, oder sein Aftershave, der Duft der Vanillekringel, die im Haus gebacken wurden, der Duft in den Kleidern der Mutter (oder der Geruch, den die Schränke ausstrahlten). Die meisten Zimmer haben einen ganz eigenen Geruch. Die Wohnung meines Vaters roch nach Tannengrün, auch im Sommer, und im Winter mischte sich der Geruch des Ölofens darunter. Diesen Geruch habe ich nie wieder gerochen, seit es ihn und seine Wohnung nicht mehr gibt. Aber der Geruch von Grafikateliers erinnert mich noch an seines, auch wenn der Geruch schwächer geworden ist, weil heute nicht mehr mit Farben und Pinseln gearbeitet wird. Die Farben hatten einen unverkennbaren Geruch. Und da ist der Geruch nach Kohle, der in meiner Kindheit noch über dem Ruhrgebiet hing.

Vielleicht finden Sie sich unvermittelt in der Kindheit wieder, wenn Sie Seeluft spüren oder den Wassergeruch eines Sees, wenn Lindenblüten duften oder eine Kartoffelsuppe oder wenn Sie am frühen Morgen durch das duftende Gras einer Sommerwiese laufen.

Der Geruch des Lieblingsessens aus der Kindheit beruhigt uns sofort oder stimmt uns gutgelaunt, und Gerüche, die sich mit negativen Erfahrungen verbinden, machen ein unwohles Gefühl. Solchen Gerüchen weichen wir instinktiv aus – auch wenn es an sich angenehme Düfte sind. Ein Parfüm kann uns abschrecken, weil es uns an einen Menschen erinnert, den wir nicht mochten, und umgekehrt kann ein anderer Duft uns magisch anziehen, zu jemandem hinziehen, den wir gar nicht kennen: Er ruft romantische Gefühle wach oder ein Gefühl der Geborgenheit.

Befragt, was seine Lieblingsdüfte seien, nannte der berühmte Neurologe Oliver Sacks ein chemisches Element und Meerrettich. Wie gesagt, Lieblingsdüfte sind äußerst individuell. Sie sind von unserer Geschichte bestimmt und müssen nicht Wohlgerüche sein!

Was sind Ihre Lieblingsdüfte? Können Sie sich erinnern, woher die Vorliebe für diese Düfte stammt?

Eine Freundin erzählte mir, sie suche intuitiv Parfüms aus, die Nelkenduft enthalten, ohne dass sie das im voraus wisse. Auf längeres Nachdenken hin meinte sie, sie sei katholisch und auf dem Land aufgewachsen, und bei den Prozessionen an Feiertagen hätten sie als kleine Mädchen Nelkensträußchen getragen ...

Als Kinder nehmen wir Gerüche sehr intensiv wahr, wir speichern sie mit unseren Erinnerungen ab. Wir erlebten die Welt mit allen Sinnen, nicht nur mit dem Auge. Später dominiert das Sehen unsere Wahrnehmung; wir leben in einer Welt, in der wir von visuellen »Inputs« überschwemmt werden.

Es lohnt sich aber, wieder einmal alle Sinne zu gebrauchen, um die Welt eben »sinnlich« zu erfahren.

Riechen, tasten, schmecken – wie riecht es in einem Raum? Wie riecht es in einem Zimmer, in dem ich mich wohlfühle? Welche Gewürze riechen für mich gut, welche nicht?

Gibt es Blumen, deren Duft ich nicht mag? Gibt es ungewöhnliche Gerüche, die mir überraschenderweise gefallen? Warum wohl?

Schnüffeln Sie ein bisschen. Und gönnen Sie sich ab und zu den Geborgenheit schenkenden Duft Ihrer Kindheit, wenn es ihn noch gibt.

VOM WÜNSCHEN UND VON DER VORFREUDE

Wenn wir nicht sinnlos verwöhnt worden sind, haben wir als Kinder eine wichtige Erfahrung gemacht, auf die wir als Erwachsene zurückgreifen können – falls wir uns daran erinnern.

Und falls wir das tun, werden wir auch unsere eigenen Kinder diese Erfahrung machen lassen: Wünsche haben, Wünsche über längere Zeit haben – darin liegt eine große Kraft.

Früher hatten wir Herzenswünsche, Wünsche, auf deren Erfüllung man lange warten musste, weil sie erst unter dem Weihnachtsbaum oder zum Geburtstag Wirklichkeit wurden. Es gab Wünsche, für die man lange sparte und andere, kleinere Begehrlichkeiten opferte, die man sich vom Gesparten längst hätte erfüllen können.

Wir lernten zu warten und bekamen dafür die Vorfreude geschenkt. Sich tausendmal ausmalen, wie das Fahrrad aussehen würde oder was immer man sich wünschte. Sich hundertmal das mögliche Geschenk im Laden ansehen, davor stehen, es anfassen und wieder Abschied davon nehmen. Immer schöner wurde das Geschenk in Gedanken, immer mehr Dinge dachten wir uns aus, die wir damit anfangen würden, wenn es erst so weit wäre …

Eine süße Sehnsucht, die fast ein bisschen weh tun durfte.

Wünsche, die zu schnell erfüllt werden, lassen diese belebende Kraft gar nicht erst entstehen. Da wird der Hunger gestillt, ehe der Appetit das Essen in den schönsten Farben ausgemalt hat. Oder das Essen ist schon vor dem Hunger da.

Der Überfluss, die Werbung wecken zwar immer neue Wünsche und Bedürfnisse – aber nicht, um uns das Wünschen genießen zu lassen: Kaum taucht der Wunsch in uns auf, soll er befriedigt werden. Eine Sehnsucht auskosten, einen Wunsch mit sich herumtragen und ihn immer größer werden – oder auch wieder vergehen zu lassen –, würde den Konsum verzögern.

Allerdings, es ist eine alte Weisheit: Die Erfüllung eines Wunsches ist oft gar nicht so berauschend, wie unsere Phantasie es uns zuvor mit den leuchtendsten Farben geschildert hat.

Die Konsumgesellschaft weiß sehr wohl um dieses schale Gefühl, das sich einstellen kann, wenn ein materieller Wunsch befriedigt ist. Ihr Heilmittel heißt: Ein neuer Wunsch muss her! Ein schlechtes Heilmittel, das schließlich Überdruss erzeugt. Es ist nämlich plötzlich etwas verloren gegangen: Die Träumereien, wie es sein wird, wenn der Wunsch erst Wirklichkeit wird, sind überflüssig geworden.

Keine Zeit zum Träumen, keine Zeit, sich etwas vorzustellen!

»Eigentlich weiß ich gar nicht, was ich mir wünschen soll ...«, und wer so antwortet, macht meist gar kein so glückliches Gesicht dabei.

»Ich bin wunschlos glücklich« – auch dieser Satz klingt meist eher gefasst als so begeistert, wie die Erfüllung aller Wünsche doch eigentlich nahe legen müsste.

Heißt das, es ist gar nicht so schön, gar nicht so erstrebenswert, alles zu haben, wunschlos zu sein? Das Paradies wäre schlicht langweilig?

Das Wünschen verschafft freien Raum in einer von Pflichten und Zwängen bestimmten Welt. Einen Raum, den wir füllen können mit unseren Gedanken und Gefühlen, mit unseren spielerischen Vorstellungen.

Die Wünsche bewohnen uns wie ein Haus mit vielen Zimmern, Erkern und Nischen. Mancher Wunsch ist im Keller unserer Seele vergraben oder auf dem Dachboden verstaut worden und langsam verstaubt. Wünsche sind etwas Lebendiges. Sie entwickeln und entfalten sich, kommen und gehen. Durch ihr Leben lassen sie uns unsere eigene Lebendigkeit fühlen.

Unsere Wünsche gehen nicht verloren,
auch wenn das manchmal so scheint:
Plötzlich findest du sie wieder,
wenn das richtige Wort gesprochen wird,
wenn der richtige Blick dich trifft,
wenn der Klang einer Stimme,
eine Geste dich erinnert.

Wir brauchen das Wünschen aber auch, weil darin Hoffnung liegt, Hoffnung auf *Veränderung*: Was jetzt nicht ist, wird sein, wenn der Wunsch in Erfüllung geht.

Und im Wünschen liegt die Hoffnung auf *Zukunft*: Was heute nicht ist, kann *morgen* sein. Also gibt es ein Morgen!

Nicht alle Wünsche gehen in Erfüllung.

Auch viele Kinderwünsche nicht, und nicht nur materielle: der Wunsch nach einem Haustier, nach einem Geschwisterchen, der Wunsch, nicht aus der gewohnten Umgebung wegziehen zu müssen, der Wunsch, die Eltern blieben zusammen, der Wunsch sie kämen wieder zusammen, der Wunsch, eine Freundschaft, eine Liebe sollten ewig halten – solche Wünsche werden oft nicht erfüllt, und es ist ein schmerzlicher Weg, sich mit unerfüllten Wünschen einzurichten. Für Kinder und für Erwachsene.

Aber es ist mit dem Wünschen wie mit vielen anderen Dingen auch. Wir müssen auch etwas in Kauf nehmen für das, was wir gewinnen.

Übrigens: Man soll es mit dem Wünschen auch nicht übertreiben. Die Märchen wissen das: Drei Wünsche, und nicht mehr …

Es gibt stille Wünsche,
von denen keiner etwas weiß.
Vielleicht sind sie die kostbarsten.
Sie sind ein nie verlöschendes Licht
In unserem Inneren,
ein Kompass der Seele,
ein tröstliches Zeichen,
dass wir leben.

IM GLEICHKLANG MIT
DEM KÖRPER

I ch hab Bauchweh«, sagte ich, wenn am anderen Morgen in der Schule Vorsingen war. Und das war wahr.

Meine Mutter setzte sich dann manchmal auf die Bettkante meines Bettes und massierte meinen Bauch.

Sie war sonst nicht sehr zärtlich, ich weiß nicht, ob ich je auf ihrem Schoß gesessen habe, aber das Bauchweh verstand sie, und ich kam in den doppelten Genuss, ihre kühle Hand, die sich langsam erwärmte, auf meinem Körper zu spüren und am anderen Tag nicht in die Schule zu müssen.

Ich habe selten in der Schule gefehlt, aber es gab zwei Dinge, die mich in große Angst versetzten: Rechenarbeiten und das Vorsingen vor der ganzen Klasse, damit die Lehrerin ihre Musiknoten verteilen konnte. Das Vorsingen fand nur alle halbe Jahre statt und die Musiknote war nicht wichtig; die Rechenarbeiten konnte ich dagegen nicht »schwänzen«, nur im äußersten Notfall, das wusste ich. Bauchweh hatte ich trotzdem, und ich ging dann mit »wehem« Bauch an den Ort des Schreckens.

Kinder reagieren noch ganz automatisch mit dem Körper auf Bedürfnisse und Bedrohungen; er gibt deutliche Signale, und der Kopf ist noch nicht kontrollierend zwischen Körper und Verhalten getreten.

Säuglinge und Kleinkinder reagieren sofort und ganz direkt: Wenn sie Hunger haben, schreien sie, wenn sie sich in ihren vollen

Windeln nicht mehr wohlfühlen, schreien sie, und wenn sie nicht allein im dunklen Zimmer liegen wollen und Körperkontakt brauchen, schreien sie auch.

Ob ein körperlicher oder ein seelischer Schmerz wie Angst, Wut, Verlassenheit – die Tränen fließen noch ungehemmt, und das Kind zeigt seinen Schmerz, seine Sehnsucht mit herzzerreißender Intensität.

Die Verbindung zum eigenen Körper ist lebenswichtig: das Kind *muss* seine Befindlichkeit klar nach außen deutlich machen, denn es kann seine Bedürfnisse, je kleiner es ist, ja nur mit Hilfe der Erwachsenen befriedigen.

Wie früh fangen wir aber schon an, unsere Gefühle zu kontrollieren und zu missachten, körperliche Warnsignale nicht mehr wahrzunehmen – bis wir krank werden und uns nicht erklären können, warum!

»Das macht mir Bauchweh«, sagen wir, und gehen doch lange darüber hinweg, wenn wir wirklich einen »Druck im Bauch« haben. Ein Zusammenhang mit den Problemen in der Beziehung oder am Arbeitsplatz? Ach, wohl nicht …; Kopfweh und sich »den Kopf zerbrechen«; Angina oder ein »Kloß im Hals«; »Mir ist ganz schlecht vor Angst« – wir brauchen lange, bis wir uns fragen, worauf der Körper uns eigentlich hinweisen will. Was er uns sagen will, das können wir nur herausfinden, indem wir lernen, ihm wieder besser zuzuhören.

In unserer Familie war ich die »Schmusekatze«. Mir war es am wohlsten, wenn ich Hand in Hand mit meinem Vater oder Grossvater ging, und sonst schmiegte ich mich bei allen an, die es zuließen.

Fast alle Kinder schmusen gern. Wir brauchen Körperwärme, Körperkontakt, um uns wohl zu fühlen – und als Kind, um überhaupt zu gedeihen.

Der Körper trägt uns nicht nur durchs Leben, wir *sind* unser Körper und wir *haben* Bedürfnisse nach körperlicher Zärtlichkeit und Liebe, nach körperlichem Austausch mit ande-

ren. So sind wir angelegt, und unsere körper-
feindliche Kultur, die durch freizügig darge-
stellten Sex nicht im geringsten körperfreund-
licher wird, nimmt uns mit ihrer rigiden Kon-
trolle über unser körperliches Verhalten viel.
Dabei könnten eine Umarmung, ein Streichen
über die Hand, eine zärtliche Geste uns so einfach entspannen und eine Menge Probleme ohne große Worte regeln. In der Altenpflege weiß
man das: Alte Menschen leiden sehr darunter,
oft überhaupt nicht mehr freundlich-tröstend
berührt zu werden.

Der Wunsch, angefasst zu werden, ist ein
Urbedürfnis. Wird es bei Ihnen gestillt? Geben
Sie Ihrer Zärtlichkeit und Zuwendung anderen
gegenüber Ausdruck?

HÖHLEN IM WALD –
GEBORGENHEIT UND
GEHEIMNIS

Frauen haben das Talent, aus einem Zimmer, einer Wohnung mit wenig Mitteln mehr als eine Behausung zu machen. Sie erschaffen sich, fast ohne Mühe, »ihren« Ort, an dem sie sich geborgen fühlen.

Als Kinder tun wir das auch.

Für mich war es der Wald, wo sich erdige Verstecke unter dichten Zweigen finden ließen, wo ich mich geborgen fühlte und wo zu-

gleich das Geheimnis herrschte. Erst das Halbdunkel, das Versteck machte diese Plätze zum
wahren Ort der Geborgenheit. Hier hatte niemand Zutritt, ja, es war, als sei man vom Erdbo-
den verschwunden. Die Großen achteten nicht
auf die hängenden Zweige und das Dickicht in
den noch unaufgeräumten Wäldern der Nach-
kriegszeit; solange man sich still verhielt, gab es
niemand, der die Höhlenwelt störte.

Während ich unter dem Tisch zuhause der
Hund sein musste, war ich unter den dichten
Zweigen die Herrscherin meiner Welt. Auch
meine Cousine liebte diese Höhlen. Wir rich-
teten uns darin ein, manchmal gab es einen
Baumstumpf, der zum Tisch wurde, Blätter-
häufchen wurden zu den weichsten Betten. In
dieser stillen Zweisamkeit vertrugen wir uns
wunderbar.

Andere Kinder bauen sich Zelte im Garten
oder stellen das Zelt sogar im eigenen Zimmer
auf, richten sich in Bäumen, Gartenhäuschen,
Stall- oder Scheunennischen, auf dem Dach-

boden ein. Und falls jemand den Ort entdeckt, an dem wir unsere Schätze versteckt halten, gilt das Gebot »Betreten verboten«.

Erst die Freiheit zu entscheiden, wer eintreten darf und wer nicht, macht einen gewöhnlichen Ort zum ureigenen Ort des Aufgehobenseins.

Meine Wohnung hat noch heute etwas von einer Höhle für mich, in die ich heimkehre mit dem Gefühl: Hier kann mir niemand etwas anhaben. Wie ein Hund kann ich mich um mich selber drehen, bis ich den richtigen bequemen Platz im Körbchen gefunden habe.

Klopfen Sie an, wenn Sie das Zimmer Ihrer Kinder betreten. Und achten Sie darauf, dass auch Sie einen Ort, einen Raum in der Wohnung haben, den die andern nicht ohne weiteres betreten dürfen. Erlauben Sie sich – wenigstens in Spuren – eine »geheime Existenz«.

Schließen Sie hier und da die Tür zu Ihrer Welt und genießen Sie die Zeit mit sich allein.

IN EINER
MAGISCHEN WELT

I ch erinnere mich an einen Nachmittag auf Sylt. Es war ein Sommernachmittag, mein Sohn war noch klein, fünf oder sechs. Während ich auf einer Bank saß und dem Meer zusah, spielte er im Sand. Wir waren ein paar Meter vom Strand entfernt, es gab Grünzeug und Steine lagen herum. Mein Sohn war sehr versunken in sein Spiel. Mit der Handfläche strich er über den Sand, so dass eine geglättete Fläche entstand, der er eine quadratische Form gab. Offenbar wusste er, was er damit vor hatte, denn er entfernte sich ein Stück und schien nach etwas zu suchen. Nach einer Weile kam er mit einem Stein wieder und legte ihn in eine Ecke des Quadrats. Er ging und kam wieder mit einem zweiten Stein für die zweite Ecke des Quadrats, dann mit einem dritten und schließlich einem vierten. Er besah sein Werk, an dem er, ohne ein Wort zu sagen, gearbeitet hatte. Noch war es nicht ganz fertig, offenbar fehlte noch etwas. Er suchte einen fünften Stein, legte ihn in die Mitte des Quadrats, stand davor und schien endlich befriedigt. Er setzte sich aber immer noch nicht auf die Bank neben mich und lief auch nicht zum Wasser. Er überlegte, stellte sich dann vor das Quadrat und spuckte auf die vier Ecksteine, auf jeden einzeln. Nun war es gut. »Ich geh Muscheln suchen«, sagte er und ging aufs Meer zu.

Ich habe ihn nie gefragt, warum er das machte und was es bedeuten sollte.

Ich glaube, er hat einen magischen Ort angelegt, und es war genug, *dass* es ein magischer Ort war. Abgegrenzt vom Profanen der übrigen Welt und eingeweiht mit Spucke. Man konnte diesen Ort dann sich selbst überlassen. Alle Konzentration war in ihn hineingeflossen und würde dort überdauern, bis der Wind oder die Fußgänger ihn zerstören würden.

Kinder leben noch in einer magisch geeinten Welt, in der Zwerge und Hexen, Elfen und Monster, sprechende Tiere und Menschen nebeneinander leben. Das Gute und das Böse sind gemischt, und erst langsam wird das Gute und das Böse »geortet« und erhält seinen Platz.

Die Hexe, zum Beispiel, wohnte unter meinem Bett – als das »Böse« richtigerweise im verborgenen Dunkel (im übrigen relativ nahe bei mir; C. G. Jung würde sagen, in meinem Schatten). Bevor ich mich nachts aufs WC getraute, machte ich Licht, prüfte die Situation unter dem Bett, stieg dann vorsichtig heraus und sprang beim Zurückkommen mit einem Satz wieder unter die Decke.

So hatte das Böse einen Platz gefunden und ich eine Form, mit ihm umzugehen.

Weil sie dem Magischen noch so nah sind, sind Kinder in ihrer Vorstellung aber auch allmächtig. Sie »bewirken« ihrer eigenen Vorstellung nach Gutes wie Schlechtes, sind »schuld« an verschiedenstem Unglück – einem Unfall des Vaters zum Beispiel (sie waren ihm grad vorher böse gewesen und hatten ihm Schlechtes gewünscht!) oder an der Scheidung ihrer Eltern, weil sie nicht brav gewesen waren und den Eltern zuviel Sorgen gemacht hatten …

Wenn an diesem Allmachtsgefühl unbewusst auch später festgehalten wird, kann es uns noch das Erwachsenenleben schwer machen, denn oft fühlen wir uns auch dann »schuldig« für etwas, wofür wir gar nichts können, weil es völlig außerhalb unserer Beeinflussungsmöglichkeiten liegt.

Dass wir das Gute »bewirken« könnten, liegt uns meist ferner, aber das Allmachtsgefühl kann sich in seiner »positiven Form« im »Machbar-

keitswahn« verstecken. »Wenn ich mir alle Mühe gebe, alles tue, wie der andere es mag, mich
mehr anpasse, nicht mehr so viel nachfrage,
den Haushalt besser führe, wird er mich lieben;
muss er mich lieben.« Unsere Umgebung weiß,
dass das mehr als unwahrscheinlich ist. Nur bis
wir es selber merken, kann lange dauern.

Albert Camus beschreibt in seinem Buch *Der
erste Mensch*, seiner als Roman verfassten Auto-
biographie, dieses Gefühl der kindlichen »magischen Allmacht« (hier, um Böses zu bewirken)
so schön, dass ich es zitieren möchte:

»Der Park, der früher einmal prächtig gewesen
war, lag brach. Riesige Eukalyptusbäume, Kö-
nigspalmen, Kokospalmen, Gummibäume mit
ungeheuer dickem Stamm, deren untere Äste
ein Stück weiter Wurzeln schlugen und so ein
Pflanzenlabyrinth voller Schatten und Geheimnis bildeten, dichte, mächtige Zypressen, kräf-
tige Orangenbäume, Gruppen von ungewöhn-

lich hohen rosa und weißen Oleandern überragten versunkene Alleen …

In diesem duftenden Dschungel umherzuspazieren und herumzukriechen, sich auf der Höhe der Gräser in ihn zu ducken, mit dem Messer die verflochtenen Durchgänge freizulegen und mit gestreiften Beinen und einem Gesicht voll Wasser wieder herauszukommen, war berauschend.

Aber auch das Herstellen schreckenerregender Gifte beanspruchte einen guten Teil des Nachmittags. Die Kinder hatten unter einer alten Steinbank … eine ganze Ausrüstung an Aspirinröhrchen, Arzneifläschchen oder alten Tintenfässern, Scherben von Geschirr und angeschlagenen Tassen zusammengetragen, die ihr Laboratorium darstellten. Hier, im tiefsten Dickicht des Parks, vor Blicken geschützt, bereiteten sie ihre geheimnisvollen Liebestränke (sic!) zu. Deren Grundlage war der Oleander, einfach weil sie in ihrer Umgebung oft gehört hatten, dass sein Schatten unheilvoll sei und der

Unvorsichtige, der an seinem Fuß einschlafe, nie wieder aufwache. Die Blätter des Oleanders und in der Blütezeit seine Blüten wurden also lange zwischen zwei Steinen zermahlen, bis sie einen üblen (ungesunden) Brei bildeten, dessen Anblick einen schrecklichen Tod verhieß. Dieser Brei wurde an der Luft liegengelassen, wo er sofort ein furchterregendes Schillern annahm ... Auch Zypressenzapfen wurden zermahlen. Die Kinder waren sicher, dass sie Übel taten, und zwar aus dem unsicheren Grund, dass die Zypresse der Friedhofsbaum ist. Die beiden Breie wurden dann in einer alten Schale vermengt und mit Wasser verlängert, dann durch ein schmutziges Taschentuch gefiltert. Der so gewonnene Saft von beunruhigendem Grün wurde dann von den Kindern mit all der Vorsicht behandelt, die man einem vernichtenden Gift angedeihen lässt ... Diese Gifte waren übrigens für niemanden bestimmt. Die Chemiker schätzten die Anzahl von Menschen, die sie töten könnten, und trieben den Optimismus manchmal so weit, zu vermuten, sie hätten eine Menge produziert, die ausreiche, die Stadt zu entvölkern. Sie hatten jedoch nie daran gedacht, dass sie mit diesen magischen Drogen einen verhassten Kameraden oder Lehrer loswerden könnten. Aber eigentlich hassten sie niemanden, was sie im Erwachsenenalter und in der Gesellschaft, in der sie dann leben sollten, sehr behindern sollte.«

Erinnern Sie sich noch, wie Sie und ihre Freundin solche geheimnisvollen Säfte mit der Miene von Verschwörerinnen aus dem, was die Umgebung hergab, zusammenmischten? Wir benutzten Erde und Wasser, Blätter, Gras und schwarze Holunderbeeren …

Manchmal fühle ich mich heute noch so, wenn ich beim Kochen etwas Neues probiere. Allerdings hoffe ich dann auf eine *gute* Wirkung: dass das Zubereitete meine Gäste fröhlich und zufrieden stimmt. Manchmal entstehen dann wunderbare Abende oder Feste – magische Momente, an die man sich lange erinnert.

Wie groß die Sehnsucht nach einer »Wiederverzauberung« unserer nüchtern-sachlichen Welt ist, sehe ich an dem großen Erfolg der Zauberbücher für Frauen, die wir in dem Verlag herausgegeben haben, für den ich arbeitete. Und an Harry Potter natürlich, dem Kind-Helden, der zaubern kann und mit magischen Kräften das Böse besiegt. Im Zaubern von Harry Potter liegt ja gerade diese »kindliche Allmacht«: Was ich denke oder in einer ritualisierten Form ausspreche, wird wahr.

Kein Wunder, dass wir Erwachsenen, die das Zauberwort vergessen haben, nur allzu oft wünschen, das Zaubern möge uns wieder gelingen.

EIN UNBESTECHLICHES
AUGE

Wir haben uns angepasst. Wir antworten nicht immer so, wie wir eigentlich gern antworten würden, lassen uns hier und da ein X für ein U vormachen. Weil es opportun ist, sich mit dem Chef *nicht* anzulegen, weil man eh keine Chance hat. Weil es nur wieder ewige Diskussionen gibt, wenn wir anfangen, unserem Liebsten nachzuweisen, dass er uns gerade etwas vormacht. Weil wir uns vorgenommen haben, zur Schwiegermutter höflich zu sein, obwohl wir ihr endlich mal die Meinung sagen möchten.

Wie »bestechlich« wir geworden sind, das merken wir erst, wenn wir einmal darauf achten, mit welch unbestechlichem Blick Kinder hinter die Fassade von Menschen und Situationen blicken. Wie sie ihr Gegenüber mustern – abwartend, sachlich, nicht unfreundlich, aber auch nicht besonders entgegenkommend. Alleinerziehende Mütter oder Väter fürchten diesen Blick zurecht, wenn sie ihren lieben Kleinen den neuen Freund, die neue Freundin vorstellen – dann wird der Blick nämlich unerbittlich.

Auf jeden Fall riechen Kinder von weitem, wenn sich jemand bei ihnen lieb Kind machen will – ob mit Süßigkeiten oder einem süßen Lächeln. Ihr verächtlicher Gesichtsausdruck macht dann unmissverständlich klar, dass sie begriffen haben, dass es nicht um sie, sondern um die Mutter oder den Vater geht und dass sie es vorziehen würden, wenn der Gast sie mit seiner

Aufwartung verschonen und lieber nächstens verduften würde.

Meine arme Mutter brachte keinen Verehrer bei uns beiden Kindern durch, und ich war besonders gemein. Auch wenn mir die Geschenke – ich erinnere mich noch an einen weißen Kragen aus Schwanenfedern – durchaus gefielen, bedankt hätte ich mich nie. Und meine Meinung zur bewussten Affäre änderte ich deshalb schon gar nicht.

Einmal allerdings kam ich in Versuchung, meinem Vater eine Liaison vorzuschlagen: mit der Frau vom Tante-Emma-Laden im Nebenhaus, die meinen Lieblingskäse, nämlich Emmentaler (den mit den Löchern), in ihrem Sortiment führte. Mein Vater wollte meinem Vorschlag aber nicht recht folgen.

Doch es muss durchaus nicht nur um neue Partner gehen, die einem Kind schmackhaft gemacht werden sollen – Kinder beobachten auch sonst genau und ziehen ihre Schlüsse.

Und je nachdem ändern sie ihr Verhalten konsequent, wenn die neue Einsicht es nahe legt.

So kam vor vielen Jahren die kleine Schwester eines Freundes, die zuhause immer abtrocknen musste, weil sich die ältere Schwester erfolgreich drückte, eines Tages ins Krankenhaus. Die Mandeloperation war noch nicht lange vorbei, da stieg sie aus dem Bett, ging in die Krankenhausküche und begann abzutrocknen. Das wurden aber immer mehr und mehr Teller, es nahm gar kein Ende. Das Küchenpersonal wunderte sich, was da Kind da machte, und eine Frau fragte sie, was das solle … Die Kleine erklärte, dass das zuhause auch so sei mit dem Abtrocknen. Die Frau lachte und sagte: »Hier musst du das nicht machen. Geh einfach wieder in dein Bett.«

Kaum zuhause, erklärte das Kind, dass, wenn es im Krankenhaus nicht habe abtrocknen müssen, es das auch zuhause nicht *müsse*. Und von da an war Schluss mit dem Abtrocknen. Mit ihr nicht!

Ein solch scharfer Kinderblick kann ganze Mythen gnadenlos auseinandernehmen und Geschichtsklitterungen aus den Angeln heben. So sagte eines Tages ein Kind, das die »Zauberflöte« gesehen hatte, zu mir: »Wieso ist der Sarastro, der Herrscher der Sonne, gut und die Königin der Nacht schlecht? Der Tamino und Papageno werden doch nur vor den wilden Tieren, dem Feuer und Wasser gerettet, weil sie die Zauberflöte und das Glockenspiel haben. Und das haben sie von der Königin der Nacht bekommen, also ist *sie* gut.«

Ohne mit der Wimper zu zucken hatte das Kind die patriarchalischen Übermalungen eines alten Mythos, der ursprünglich der »Großen Mutter« und dem Mond die Herrschaft über die Erde zuschrieb, durchschaut: Mit Sarastro steht nun zwar ein Mann an »oberster Stelle«, aber logisch ist das nicht …

DER WELT IN IMMER NEUEN GESTALTEN BEGEGNEN –
VERKLEIDUNGEN IN TANTE ADDIS
»HEXENHAUS«

T auschen Sie manchmal mit ihrer besten Freundin die Kleider? Verwandeln sich so in eine andere?

Ich finde es immer noch spannend, Kleider zu tauschen – und wenn es nur vor dem Spiegel ist. Plötzlich elegant statt sportlich auszusehen, verschwenderisch und verspielt statt schlicht.

Wenn wir uns kleiden, »verkleiden« wir uns

ein Stück weit, denn immer zeigen wir ja nur eine bestimmte Seite von uns – die, die wir nach außen gerade zeigen *wollen*.

Wir haben aber auch noch viele andere Seiten, die anders aussehen. So, wie wir viele verschiedene Rollen im Leben spielen können. Kinder lieben es, sich zu verkleiden und die verschiedensten Rollen auszuprobieren.

Hinter dem Garten, wo mein Vater sein Atelier hatte, lag ein großes Grundstück, fast ein Park, der einer alten Frau gehörte, die ganz allein darin wohnte. »Tante Addis Hexenhaus« war ein Holzhäuschen mit einer großen Veranda. Neben dem Bad gab es nur ein Zimmer. Alles hatte darin Platz: ihr Bett, der Kamin mit den Sesseln davor, ein Esstisch und eine Kochnische. Mehr brauchte sie nicht, und bei schönem Wetter saß sie auf ihrer Veranda.

Tante Addi musste als junge Frau einen Beruf gehabt haben, der mit Mode zu tun hatte, denn im Haus gab es eine große Truhe, gefüllt mit altmodischen Kleidern und Hüten. Meine Cousinen und ich durften damit spielen, und die Spiele in Tante Addis abgeschiedener Welt gehören zu meinen schönsten Erinnerungen. Eine leise Zauberwelt, in der wir Fräuleins und Damen von Welt, Prinzessinnen und böse, mächtige Hexen waren. Wir schlüpften von einer Rolle in die andere, und alle hatten etwas für sich …

Heben Sie ein paar alte Kleider auf, vor allem die extravaganten, von denen Sie denken: Das trag ich nie wieder. Eines Tages werden Sie sich freuen, sie noch einmal anzuprobieren oder wenigstens vor dem Spiegel anzuhalten.

Oder Ihre Kinder oder Enkel werden es herrlich finden, hinein und damit in eine andere Welt zu schlüpfen.

UNTER EINEM KAMPFERBAUM –
WIE MIR DAS ERWACHSENSEIN
GEFALLEN KÖNNTE

Das Hotel Collinetta, an einem der schönsten Plätze des Tessins gelegen, hat einen Park, in dem ein alter Kampferbaum steht. Seine Krone ist mächtig, die Blätter, oval und lederig-fest, rascheln, wenn der Wind sie bewegt, und duften nach Zitrone, wenn man sie bricht – gar nicht nach dem muffigen Kampfergeruch, den wir vom Mottenschutzpapier her kennen.

Nachmittags lag ich oft unter diesem Baum

und sah in das Geäst hinauf. Die Kampferbäume machen es richtig. Sie sind immer grün. Das ganze Jahr über werfen sie die alten, rotbraun gewordenen Blätter ab, ohne je insgesamt vom Grün zum Herbstbraun zu wechseln oder die Blätter ganz zu verlieren.

Sie erneuern sich fortwährend und werfen das Alte, Überholte unauffällig ab. Sie werden älter und bleiben doch jung dabei.

So könnte das Erwachsensein ganz schön sein, finde ich: wenn man reifen und sich immer wieder dabei erneuern könnte. Und »immergrün« bleiben wir, da bin ich überzeugt, wenn wir in Berührung bleiben mit dem Kind, das wir einmal waren, seinen Fähigkeiten und der magischen Welt, in der noch alles Platz hatte und so vieles möglich war.

DÖRTHE BINKERT

wuchs in Frankfurt am Main auf und studierte Germanistik, Kunstgeschichte und Politik. Nach ihrer Promotion hat sie dreißig Jahre lang für große deutsche Publikumsverlage gearbeitet. Seit 2007 ist sie freie Autorin. Sie lebt in Zürich und schreibt Romane und Sachbücher.

Im Thiele Verlag sind ihre Bücher *All die schönen Wörter* (2007), *Frauen in Gold* (2011), *Frauen und Rosen* (2012), *Frauen und ihre Katzen* (2013), *Ein, zwei Wolken am Himmel* (2015), *Freundinnen* (2017), *Frauen und Bäume* (2018) und *Wo Frauen ihre Bücher lesen* (2019, mit Vorwort von Elke Heidenreich) erschienen.

www.doerthe-binkert.ch

Zu diesem Buch ist von
PAPER MOON ein wunderschönes
Geschenk erschienen:

STAUNEN WIE EIN KIND
20 Postkarten mit 20 Motiven,
gedruckt auf purem Apfelpapier,
in einer attraktiven, hochwertigen Blechdose

Erhältlich in Ihrer Buchhandlung
oder im Webshop:
www.my-papermoon.com

STAUNEN
WIE EIN KIND

Die wunderbare Kunst, nicht ganz
erwachsen zu werden

20 Postkarten

Bestellnummer 4251517503867

Überarbeitete Neuausgabe des Buches
Das süße Leben: Die Kunst,
nicht ganz erwachsen zu werden

ISBN 978-3-85179-452-6

© 2020 Thiele & Brandstätter Verlag GmbH,
Wien und München
Gesamtgestaltung und Satz: Christina Krutz,
Biebesheim am Rhein
Coverbild: *Lily, Lily, Rose* von John Singer Sargent, 1887
(Tate Gallery, London)
Autorenfoto: Susanne Schwiertz
Druck und Bindung: GGP Media GmbH, Pößneck

www.thiele-verlag.com